Brève histoire des communes en France

Brève histoire des communes en France

Editions le Mono

ISBN : 978-2-36659-671-7
EAN : 9782366596717

Chapitre I

De l'état des personnes et des terres avant l'établissement des communes.[1]

Rien de plus divers, rien de plus discordant, de plus hétérogène, que les populations, les états, les intérêts, les institutions dont se composait la société, en France, pendant les quatre premiers siècles de la monarchie. Il y avait d'abord des peuples conquérants et des peuples conquis : il y avait des Saliens, des Ripuaires, des Bourguignons, des Allemands, des Visigoths et des Gaulois ou des Romains ; il y avait ensuite des

---

[1] Par Benjamin Guérard (1797 – 1854).

hommes libres, des colons et des serfs ; il y avait en outre plusieurs degrés dans la liberté et dans la servitude.

L'inégalité se reproduisait pareillement sur le sol : selon que les terres étaient franches, dépendantes ou en servitude, elles composaient des alleux, des bénéfices ou des tenures ; de plus elles avaient chacune des coutumes et des usages particuliers, suivant les maîtres et suivant les pays.

Il y avait donc partout diversité et inégalité ; et comme nulle part rien n'était réglé, ni contenu, ni définitif, il y avait lutte et guerre partout. Enfin, et c'est ce qui rendait la position plus pénible, il n'y avait, dans tout ce que je viens de nommer ici, rien qui ne fût corrompu, dégénéré, usé ;

rien qui présentât un principe de vie, d'ordre et de durée : c'étaient tous des éléments de barbarie et de destruction. Les peuples que la Germanie vomit sur la Gaule ne sont plus les peuples décrits par Tacite ; leurs vertus, s'ils en eurent, ils les laissèrent de l'autre côté du Rhin. De même les Gaulois, qu'ils assujettirent, étaient des peuples dégénérés : de cette merveilleuse civilisation enfantée par Athènes et par Rome, il ne subsistait plus que des mœurs dissolues et des institutions énervées.

Ainsi, de part et d'autre, chez les vainqueurs et chez les vaincus, tout était en décadence, tout était en désorganisation. Il ne restait plus aux uns que les instincts grossiers et malfaisants des peuples barbares, aux autres que la corruption des peuples civilisés : c'était ce qui valait le moins dans la barbarie comme dans la civilisation. Aussi, lorsqu'ils furent réunis, n'eurent-ils guère à mettre en commun, pour fonder une société nouvelle, que des ruines et des vices. Mais, il faut le dire, la part apportée par les conquérants était de beaucoup la plus mauvaise des deux. L'esprit d'indépendance qui les animait, n'était autre qu'un penchant irrésistible à se livrer sans règle et sans frein à leurs passions farouches et à leurs appétits brutaux. La liberté qu'ils connaissaient, la liberté qui leur était chère et pour laquelle ils bravaient les dangers, était la liberté de faire le mal. Du reste, avides de posséder quelque chose, ils s'efforçaient à tout prix

d'acquérir davantage ; et lorsqu'ils affrontaient la mort, c'était moins par dédain pour la vie, que par amour pour le butin. C'est en vain que la poésie, et l'esprit de système prennent à tâche d'exalter les Germains, de grandir et d'ennoblir leur caractère, et de les peindre comme ayant, par leur mélange avec les Romains, retrempé l'état social ; lorsqu'on recherche avec soin ce que la civilisation doit aux conquérants de l'empire d'Occident, on est fort en peine de trouver quelque bien dont on puisse leur faire honneur.

Le plus profond et le plus vrai des historiens de nos jours nous a déjà déchargés de la plupart de nos prétendues obligations envers eux, et leur a retranché grand nombre de vertus qui ne leur appartenaient pas et dont ils avaient été ornés gratuitement. Toutefois il me semble qu'il ne les a pas encore assez dégradés, et que, tout en se préservant des opinions et des doctrines historiques les plus populaires de nos jours, tout en les combattant le premier et presque le seul, il a peut-être fait ici des concessions à la nouvelle école et n'a pas assez résisté sur quelques points à l'entraînement général. Toujours est-il qu'il a réduit toutes nos dettes envers les Germains à une seule. Mais cette dette unique il l'a reconnue, il l'a proclamée de la manière la plus expresse. « L'idée fondamentale de la liberté, dans l'Europe moderne, lui vient, dit-il, de ses conquérants : l'esprit de liberté individuelle, le besoin, la passion de l'indépendance, de l'individualité, voilà ce que les Germains ont surtout apporté dans le monde romain. » Serait-il donc vrai que ces peuples nous eussent fait un pareil présent ? Cette part qu'on leur réserve tout entière, n'est-elle pas encore trop forte, quoique très restreinte ; et ne doit-elle pas encore leur échapper ? Non, on ne saurait la leur attribuer légitimement.

Non, l'amour de l'indépendance individuelle ne vivait pas dans le cœur des Germains, ou du moins ne faisait ni le fond, ni le propre de leur caractère national. Et ici je ne parle pas du respect que chacun aurait porté à l'indépendance d'autrui pour assurer la sienne propre, ce qui assurément aurait été une qualité bien précieuse et bien étonnante chez des barbares ; je veux parler de l'indépendance personnelle considérée en soi, et prise, si je puis m'exprimer ainsi, dans le sens le plus égoïste de la chose : certes on ne voit pas qu'un sentiment de cette nature ait dominé les habitants de la Germanie plus que tout autre peuple, quoique chez eux il se fût très bien accommodé avec leurs autres mauvaises qualités, et qu'il eût parfaitement servi leur penchant au mal. Que l'on considère en effet le barbare d'outre-Rhin : paraît-il se complaire dans la liberté absolue de ses actions, avoir confiance, en sa force individuelle, et s'en reposer pour son salut, pour la possession et pour la jouissance de ses biens, sur lui-même et sur lui seul ? En aucune façon, et bien au contraire, il s'empresse de mettre sa vie sous la protection d'une force supérieure, et sa liberté avec sa fierté au service d'un patron ou d'un chef puissant. Là, dans ses bois, le Germain se voue au Germain, et l'individu est dans la dépendance de l'individu ; là est la terre des obligations et des services personnels ; c'est là qu'est né le vasselage ; c'est là qu'on reconnaît un seigneur, qu'on a recours à lui plutôt qu'à la loi, et qu'on promet fidélité à l'homme plutôt qu'au pays ou au souverain.

Il est certain que les Francs s'étant emparés de la Gaule, leurs institutions et leurs mœurs ont fait invasion dans la société romaine ; mais la part du bien qu'on pourrait leur attribuer est très petite, tandis que celle du mal est immense.

Si l'on suit la marche de la civilisation dans notre Occident, on verra qu'après avoir succombé sous les coups des peuples du Nord, elle ne s'est relevée peu à peu qu'au fur et à mesure que nous nous sommes purgés de ce que nous avions de germanique ; et, enfin qu'aujourd'hui, s'il est rien que la Germanie puisse encore revendiquer dans notre état social, ce sera le duel ou quelque chose de ce genre, dont nous cherchons encore à nous débarrasser. Ainsi, loin d'avoir contribué à restaurer la société, les Germains n'ont fait que la corrompre davantage et qu'en rendre la restauration plus difficile. Tant que leur esprit domina, on ne connut en France ni liberté individuelle, ou publique, ni intérêt commun. La société, plutôt que de se gouverner par une loi générale, ne se soutenait qu'avec un système de lois et d'obligations particulières.

En l'absence d'une force publique, il était nécessaire que toutes les forces privées fussent équilibrées entre elles de là les commendises et les associations (*comitatus, arimannia, gasindi*) ; de là pour le faible, l'obligation de se mettre sous la protection du fort, ou de se réunir avec ses parents et ses égaux en petites sociétés ou ligues, capables de se défendre et de se faire justice elles-mêmes. Alors il n'y eut plus de patrie, et ce nom, tout puissant dans l'antiquité, fut sans vertu et sans signification.

L'état politique, l'état civil, l'état moral, l'état intellectuel, tout déclina dans la Gaule depuis Clovis jusqu'à la fin de sa race. Ce fut une période de décadence et non de progrès. Le progrès continu et indéfini de la civilisation est d'ailleurs, à mes yeux, une erreur et un sophisme. Au lieu de passer toujours, et constamment, du mieux au mieux, la civilisation va souvent du bien au mal ; tantôt elle avance, tantôt elle recule ; c'est un mouvement irrégulier et perpétuel de va et vient, comme tout ce qui tient à la nature de l'homme, dont la loi éternelle est de croître et de décliner. Il n'y eut donc, sous la première race, de progrès que vers la barbarie.

Les Mérovingiens régnèrent, ou plutôt dominèrent, moins sur le pays et sur les peuples de la Gaule que sur les bandes armées de toute espèce qui l'occupaient ou qui la parcouraient dans tous les sens en pillant également amis et ennemis. Le roi lui-même avait sa bande armée : c'était la plus nombreuse, la plus riche et la plus forte ; car, du moment que la bande du maire du palais l'emporta sur la bande royale, ce fut le maire du palais qui fut roi. La domination mérovingienne a pour caractère particulier d'être surtout personnelle ; et jusqu'à l'avènement d'une autre dynastie, c'est à peine si l'on aperçoit dans l'empire des Francs aucun système régulier d'administration territoriale. Après que Pépin-le-Bref eut recueilli en héritage, avec la mairie du palais, la gloire et l'autorité que deux grands hommes, Charles Martel, son père, et son aïeul Pépin d'Héristal, petit-fils de Pépin de Landen, avaient attachées à leur maison par leur génie, par leur prudence, par leur valeur, le maire, élevé au-dessus du souverain, n'eut pas de difficulté non-seulement à renverser du trône un simulacre de roi, mais encore à s'établir solidement à sa place. Alors il n'y eut pour le moment de changé que les personnes, et la constitution politique resta quelque temps la même, à cela près de l'hérédité des bénéfices qui semble avoir un peu prévalu depuis cette époque. Mais le changement dans les personnes présagea et bientôt amena un changement dans les choses. À des souverains appauvris et sans gloire, dégénérés ou malheureux, tenus en tutelle ou en interdit, à des enfants qui n'excitaient que le mépris ou la pitié, succédèrent des hommes énergiques et ambitieux, des princes redoutables et populaires, regorgeant de biens et de vassaux ; des capitaines illustres et victorieux, capables de concevoir de grands desseins et de les exécuter.

Les Mérovingiens avaient enlevé la Gaule aux Romains ; il fallait maintenant l'enlever aux chefs de bande. Par la première conquête, le pays presque entier avait été réduit au pouvoir d'un seul peuple, par la seconde, le pouvoir fut réduit dans les mains d'un seul homme ; d'abord fut fondé le royaume, ensuite l'autorité du roi. A l'avènement de Pépin, les beaux jours de Charlemagne étaient préparés.

De tout ce mélange et ce pêle-mêle, dont j'ai parlé, de races, de chefs de bandes ou de chefs de cantons, et d'hommes attachés à des institutions, à des usages, à des seigneurs différents, Charlemagne fit autant de sujets, et d'une foule de petits peuples il s'efforça de composer une grande nation. Il sut s'emparer des ambitions et des passions personnelles ; il sut réunir, diriger et maîtriser les forces particulières et opposées, bâtir des villes et accomplir des merveilles avec des instruments de destruction. On le vit assigner et assurer à chacun sa place, imposer et maintenir l'obéissance, et créer à tous une communauté d'intérêts. L'ennemi qu'il attaqua hors des frontières devint l'ennemi commun ; les assemblées qu'il tint chaque année, il les rendit nationales ; la juridiction de ses commissaires s'étendit sur tous les habitants et sur toutes les parties de ses états ; il reconstitua l'unité du pouvoir et le gouvernement central. Il recueillit les restes de la civilisation, et les anima d'une vie nouvelle ; et lorsqu'il eut consacré son siècle à l'admiration de la postérité, il descendit dans la tombe en souverain, laissant à son héritier la paix avec un empire immense, florissant et calme, dont tous les peuples concouraient ensemble vers le but qu'il avait marqué.

Louis-le-Débonnaire, fils malheureux, mais indigne, mais coupable, de ce grand prince, renversa de fond en comble l'édifice majestueux élevé par son père ; il remit la division partout, dans les hommes comme dans le territoire, et rendit par la faiblesse et l'inconstance de son esprit, par son manque de foi et de prudence, tout individuel et local, comme anciennement. Il eut un règne si funeste, qu'après avoir hérité d'un pouvoir qui s'étendait depuis la Catalogne jusqu'au-delà de l'Elbe, et qui n'avait pas de contrepoids en Europe, il transmit à ses fils, avec la discorde et la guerre, des royaumes qui tombèrent en épouvante et en péril à l'approche de quelques bandes d'aventuriers.

Bientôt disparurent pour longtemps la tranquillité publique et la sécurité personnelle, l'autorité royale, les institutions et les lois. La confusion devint générale et le droit fut remis à la force. Fallait-il donc passer par cette anarchie pour arriver à la Renaissance, et la route qu'avait tracée Charlemagne n'y conduisait-elle pas d'une manière plus prompte et plus sûre ?

Au milieu des troubles et des secousses de la société, il s'éleva de toutes parts des hommes nouveaux, sous le règne de Charles-le-Chauve. De petits vassaux s'érigèrent en grands feudataires, et les officiers publics du royaume en seigneurs presque indépendants. Leurs honneurs et bénéfices, c'est-à-dire leurs emplois et les territoires de leur ressort, furent convertis en propriétés, et les pays dont ils étaient les magistrats descendirent entre leurs mains au rang de fiefs héréditaires. Mais pendant ces violences, à l'exemple et en vertu même de ces violences, il s'en commit d'autres qui furent la contrepartie des premières, et qui n'ont pas encore été remarquées, au moins à ma connaissance, autant qu'elles méritaient de l'être.

Je veux dire que les usurpations des grands furent imitées par les petits, et que l'appropriation se fit en bas aussi bien qu'en haut. Si les vassaux agirent contre leurs suzerains, les colons et les serfs réagirent contre les vassaux, leurs maîtres. L'autorité souveraine étant sans force, toute autre autorité légitime ou tout autre droit acquis fut attaqué ou fut à la veille de l'être. La tenure s'insurgea contre le bénéfice ou contre l'alleu, et devint aussi héréditaire. Tel colon qui ne possédait qu'à titre de fermier, ou qu'en vertu d'un titre plus précaire encore, devint propriétaire, et transmit son bien à sa postérité. De plus, tel intendant ayant un office rural ou domestique, et remplissant des fonctions d'un ordre servile et privé, s'érigea en une espèce d'officier public, de sorte que les *majores* et les *jurati* du IXe siècle devinrent, au XIe, des maires et des espèces de magistrats municipaux. En peu de temps, la possession fit place à la propriété, et la propriété conduisit à une sorte de magistrature. Elle ne fut pas libre et franche, elle fut même bien des siècles encore à le devenir ; mais enfin le droit fut reconnu, soit entre les mains d'un seigneur, soit entre celles d'un vilain, qui fut moins alors un esclave qu'un vassal du plus bas degré.

Ce n'est pas que l'alleu ait repris faveur : au contraire, après s'être dénaturé de plus en plus, il finit par disparaître presque entièrement ; déjà difficile à conserver à la fin de la première race, il ne fut pas tenable au milieu des violences de la seconde. Pour n'avoir point de seigneur, le maître de la terre avait une multitude d'ennemis ; et s'il ne servait personne, personne non plus ne le protégeait. Seul contre tous, il se vit forcé, pour échapper à la spoliation, de se recommander à quelqu'un de puissant, et de convertir son bien libre en fief perpétuel. Alors la terre servit la terre, de même que la personne servit la personne ; tout tomba dans le servage ; et noble ou non noble, on naquit l'homme de quelqu'un. On était placé, non pas à côté, mais au-dessus ou au-dessous de son voisin ; et le lien social, en se ramifiant à l'infini, attachait les hommes les uns à la suite des autres, au lieu de les unir chacun immédiatement à un centre commun.

Les institutions de Charlemagne, après avoir lutté deux siècles, furent emportées par l'anarchie, et la Gaule romaine se retira devant la France féodale.

À cette époque on entre dans un ordre de choses tout nouveau. La propriété, en se fixant dans les mains des seigneurs, des vassaux et des plus petits possesseurs, rendit territorial ce qui n'était que personnel auparavant, et détruisit, pour ainsi dire, la personnalité.

Les anciennes lois des peuples, qui toutes étaient personnelles et héréditaires, tombèrent en désuétude ; les races qu'elles représentaient se mélangèrent, se confondirent, et vinrent à se dissoudre avant que la dissolution de l'empire de Charlemagne ne fût consommée. En même temps disparurent les distinctions qui s'étaient observées entre les diverses classes de personnes de condition servile. Il n'y eut plus de colons, plus de lides, plus d'esclaves, de même qu'il n'y eut plus de Saliens, de Ripuaires, de Visigoths. Les limites des conditions furent effacées comme celles des lois. La féodalité ramenait, par quelques endroits, à l'uniformité. Le système mobile et passager des obligations personnelles, qui convenait à des aventuriers, était en effet devenu insuffisant et impropre à des hommes fixés au sol. Le seigneur ne devait plus demander son salut ni sa force à la bande, il fallait qu'il la demandât au territoire. Il ne s'agissait plus pour lui de fortifier sa personne, mais sa demeure.

Les châteaux allaient succéder aux associations. Ce fut le temps où chacun, afin de pourvoir à sa sûreté, se cantonna et se retrancha du mieux qu'il put. Les lieux escarpés ou inaccessibles furent occupés et habités ; les hauteurs se couronnèrent de tours et de forts. Les murs des habitations furent garnis de tourelles, hérissés de créneaux, percés de meurtrières. On creusa des fossés, on suspendit des ponts-levis. Les passages des rivières et les défilés furent gardés et défendus ; les chemins furent barrés et les communications interceptées. Bientôt les lieux d'abri devinrent des lieux d'offense. Aposté chez soi comme un oiseau de proie dans son aire, on fondait sur la campagne d'alentour, on attaquait son ennemi, son voisin, le voyageur ou le passant. A la fin du Xe siècle, chacun avait pris définitivement sa place et son poste ; la France était couverte de fortifications et de repaires féodaux ; partout la société faisait le guet et se tenait, pour ainsi dire, en embuscade.

À peine les seigneuries furent-elles constituées que les communes vinrent à paraître. Les associations, qui s'étaient jadis formées aux sommités de la société, se reformèrent maintenant à sa base. Dans les villes et dans les campagnes, les hommes livrés au commerce, à l'industrie, à l'agriculture, se réunirent et se liguèrent, soit pour résister à l'oppression des seigneurs, soit pour se soustraire aux obligations trop onéreuses de leur propre condition. Serait-ce, comme on le dit, le sentiment de la dignité humaine qui, se réveillant enfin dans leur cœur, les aurait excités à l'indépendance ? Non, je le crois, rien ne justifie une pareille opinion.

L'insurrection communale, quelque légitime qu'elle soit dans son principe, n'a pas ce caractère de noblesse et de générosité avec lequel on la représente. Je ne vois presque rien de commun, au moins dans les causes, entre la révolte des citoyens libres de l'antiquité contre la tyrannie, et le soulèvement des serfs et des mercenaires du moyen-âge contre leurs seigneurs.

L'amour de la liberté et de la patrie est l'âme des premiers ; la misère seule n'a que trop souvent suscité les seconds. Là, on combattait surtout pour les droits politiques, pour les droits du citoyen ; ici, pour les droits naturels et pour la propriété. Dans la plupart des plus anciennes chartes de communes, les intérêts purement matériels sont les seuls sentis et réclamés par les révoltés pourvu que ceux-ci obtiennent de vivre à l'abri des extorsions et des mauvais traitements, ils feront bon marché du reste. Leurs traités ou pactes avec leurs seigneurs, sont des espèces d'abonnements, d'après lesquels ils abandonnent une part de leur avoir et de leurs droits pour mettre l'autre part en sûreté.

Quant au côté politique ou moral de leur cause, ils ne l'aperçoivent même pas ; ils respectent partout les prérogatives de la noblesse comme une chose naturelle et sacrée, et subissent de bon cœur des conditions qui nous paraissent dégradantes, et qui sont autant de témoignages du sentiment qu'ils avaient alors, non-seulement de l'inégalité de leurs droits et de leur infériorité sociale, mais encore de leur abjection en présence de l'habitant du château.

Il y a donc une grande différence entre les institutions municipales qui remontent aux Romains, et les institutions communales qui ne datent que des successeurs de Hugues Capet. Les premières sont vraiment romaines et les secondes purement féodales ; les unes rappellent la cité, et les autres le fief. D'un côté nous voyons des serfs émancipés, mais soumis à des obligations entachées d'une origine et d'un caractère servile ; de l'autre, nous voyons des hommes, des citoyens libres, et, quoique souvent écrasés par les impôts, ne supportant d'autres charges que celles de l'état, et ne devant d'autres services que des services publics. Cette question de la formation des communes ne semble pas avoir été bien comprise, même par des écrivains très distingués. Nous venons de dire qu'en principe, ce ne fut ni une question de liberté pour le peuple, ni une question de restauration municipale pour les villes ; nous devons ajouter que ce ne fut pas davantage une affaire d'argent pour les rois.

En effet, par cela seul qu'il accordait ou confirmait une charte de commune, le souverain reconnaissait l'existence et les statuts d'une association composée de la réunion des habitants d'une ville ou d'une paroisse, et couvrait celle-ci de la protection royale.

La nouvelle société passait du fief dans l'état, et jouissait des avantages réservés, je ne dirais pas encore aux sujets, mais aux hommes du roi. Elle devait par conséquent avoir sa part des charges publiques. Aurait-il été naturel et juste que la couronne employât gratuitement la fortune et les bras de ses vassaux et le service de ses officiers à la défense et au profit des communes ?

Sans doute que des communes ont payé de fortes sommes au roi ; mais on doit faire attention qu'en ce temps-là le trésor royal n'était autre que le trésor public, et que, dans les cas dont je parle, l'argent qu'on pouvait y verser était d'ordinaire, pour le souverain, le prix légitime, la juste indemnité de sa protection, plutôt que le produit de ses extorsions, de ses rapines ou de sa vénalité.

On ne serait pas mieux autorisé à, disputer à Louis-le-Gros le titre de fondateur des communes en France, attendu que, si plusieurs communes s'étaient déjà formées lorsqu'il monta sur le trône, aucune n'avait alors pour elle la sanction du temps ni celle de l'autorité royale. Toutes n'existaient que de fait, et d'une manière très précaire, c'est-à-dire sous la condition d'avoir constamment la force de leur côté. Leur état propre était un état violent, un état de guerre, et présentait dans la France une espèce de monstruosité politique.

Ce fut Louis-le-Gros qui leur donna la stabilité et la légitimité ; ce fut lui qui éleva le premier la commune au rang d'institution publique, qui lui fit une belle et grande place dans la constitution de la monarchie, et qui lui concéda ou reconnut des droits que chacun dans le royaume fut désormais tenu de respecter.

Il faut être juste envers les rois comme envers les peuples, et ne pas trop se presser de condamner aujourd'hui ce qui était approuvé généralement depuis plusieurs siècles. Ayons plus de confiance dans la raison et dans la justice de nos pères, et ne soyons pas si prompts à reformer leurs opinions et leurs jugements.

Souvent, à vouloir présenter les choses sous un jour nouveau, on court le risque de les présenter sous un jour faux, et l'on tombe d'ordinaire dans le mensonge à force de viser à l'originalité.

Mais ce qui frappe le plus dans les révolutions du moyen-âge, c'est l'action de la religion et de l'église. Le dogme d'une origine et d'une destinée communes à tous les mortels, proclamé par la voix puissante des évêques et des prédicateurs, fut un appel continuel à l'émancipation du peuple; il rapprocha toutes les conditions, et précipita la marche de la civilisation moderne. Quoique oppresseurs les uns des autres, les hommes se regardèrent comme membres de la même famille, et furent conduits par l'égalité religieuse à l'égalité civile ; de frères qu'ils étaient devant Dieu, ils devinrent égaux devant la loi ; et de chrétiens, citoyens.

Cette transformation de la société s'opéra lentement, graduellement, comme une chose nécessaire et infaillible, par l'affranchissement continuel et simultané des personnes et des terres. Tant que la propriété fut incertaine ou imparfaite, la liberté personnelle le fut pareillement. Mais aussitôt que la terre se fut fixée dans les mains qui la cultivaient, la liberté civile s'enracinant dans la propriété, la condition de l'homme s'améliora, la société s'affermit, et la civilisation prit son essor.

Suivons les progrès du peuple dans les états formés des ruines de l'empire d'Occident. Ce peuple que dans l'origine (au moment où le paganisme en se retirant le remit aux mains de la religion chrétienne) nous trouvons presque tout entier esclave, passe de la servitude au servage ; puis il s'élève du servage à la main-morte, et de la main-morte à la liberté.

D'abord l'esclave ne possède que sa vie, et ne la possède-t-il que d'une manière précaire : c'est moins le pouvoir public que l'intérêt privé, moins la loi que la charité ou la pitié, qui la lui garantissent, garantie insuffisante, bien faible pour des siècles aussi cruels. Puis l'esclave devient colon ou fermier ; il cultive, il travaille pour son compte, moyennant des redevances et des services déterminés ; au demeurant, il pourra, en cédant une partie de ses revenus, de son temps et de ses forces, jouir du reste à sa guise et nourrir sa famille avec une certaine sécurité, autant qu'en permettent les troubles et la guerre. Mais enfin son champ ne lui sera pas enlevé, ou plutôt il ne sera pas enlevé à son champ, auquel lui et ses descendants appartiendront à perpétuité.

Ensuite le fermier se change en propriétaire ; ce qu'il possède est à lui ; à l'exception de quelques obligations ou charges qu'il supporte encore et qui deviendront de plus en plus légères, il use et jouit en maître, achetant, vendant comme il lui plaît, et allant où il veut. Entré dans la commune, il est bientôt admis dans l'assemblée de la province, et de là aux états du royaume.

Telle est donc la destinée du peuple dans la société moderne : il commence par la servitude et finit par la souveraineté.

Chapitre II

De l'origine des communes[2]

L'origine des concessions de *commune* est fort ancienne. On dit que les Gaulois jouissaient de ce droit sous les Romains. Elle désignait une espèce de société que les habitants ou bourgeois d'un même lieu contractaient entre eux, et au moyen de laquelle ils formaient tous ensemble un corps ; avaient le droit de s'assembler et délibérer de leurs affaires communes, de se choisir des officiers pour les gouverner, de percevoir les revenus

---

[2] Basé sur les travaux de A.-G. Boucher d'Argis et E.-F. Mallet.

communs, d'avoir un sceau et un coffre commun.

Louis-le-Gros passe néanmoins communément pour le premier qui les ait établies. La plupart de ses sujets, même de ceux qui habitaient les villes, étaient encore serfs ; ils ne formaient point de corps entre eux, et ne pouvaient par conséquent s'assembler : c'est pourquoi ils se rachetèrent, moyennant une somme considérable qu'ils payaient au roi ou autre seigneur pour toute redevance.

La première charte de *commune* qui soit donc connue, est celle que Louis-le-Gros accorda à la ville de Laon en 1112. Elle excita une sédition contre l'évêque. La *commune* d'Amiens fut établie en 1114. Louis-le-Jeune et Philippe Auguste multiplièrent l'établissement de ces *communes,* dont l'objet était de mettre les sujets à couvert de l'oppression et des violences des seigneurs particuliers, de donner aux villes des citoyens et des juges, et aux rois des affranchis en état de porter les armes.

Ceux qui composaient la *commune* se nommaient proprement *bourgeois,* et élisaient de leur corps des officiers pour les gouverner, sous les noms de *maire, jurés, échevins,* etc. c'est l'origine des corps de ville. Ces officiers rendaient la justice entre les bourgeois.

La *commune* tenait sur pied une milice réglée où tous les habitants étaient enrôlés, et imposait, lorsqu'il était nécessaire, des tailles extraordinaires.

Le roi n'établissait des *communes* que dans ses domaines, et non dans les villes des hauts seigneurs ; excepté à Soissons, dont le comte n'était pas assez puissant pour l'empêcher.

Il n'y en avait cependant pas dans toutes les villes : c'est ce que dit Philippe VI. dans des lettres du mois de Mars 1331. Ces villes qui n'avoient point de *communes* étaient gouvernées par les officiers du roi.

Les villes de *communes* étaient toutes réputées en la seigneurie du roi : elles ne pouvaient sans la permission prêter à personne, ni faire aucun présent, excepté de vin, en pots ou en barils. La *commune* ne pouvait député en cour que le maire, le greffier, et deux autres personnes ; et ces députés ne devaient pas faire plus de dépense que si c'eût été pour eux. Les deniers de la *commune* devaient être mis dans un coffre.

La *commune* pouvait lever annuellement une taille sur elle-même pour ses besoins. C'est ce que l'on trouve dans deux règlements faits par S. Louis en 1256.

Quelques villes du premier ordre, telles que Paris, étaient tenues pour libres, et avaient leurs officiers, sans avoir jamais obtenu de charte ou concession de *commune.*

Les seigneurs, et surtout les ecclésiastiques, conçurent bientôt de l'ombrage de l'établissement des *communes,* parce que leurs terres devenaient désertes par le grand nombre de leurs sujets qui se réfugiaient dans les lieux de franchise : mais les efforts qu'ils firent pour ôter aux villes et bourgs le droit de *commune,* hâta la destruction de leur tyrannie ; car dès que les villes prenaient les armes, le roi venait à leur secours ; ct Louis VIII. déclara qu'il regardait comme lui appartenant, toutes les villes dans lesquelles il y avait des *communes.*

La plupart des seigneurs, à l'imitation de nos rois, affranchirent aussi leurs sujets, et les hauts seigneurs établirent des *communes* dans les lieux de leur dépendance. Le comte de Champagne en accorda une en 1179 pour la ville de Meaux.

Il ne faut cependant pas confondre les simples affranchissements avec les concessions de *commune :* La Rochelle était libre dès 1199, avant l'établissement de la *commune.*

Les concessions de *communes* faites par le roi, et celles faites par les seigneurs, lorsqu'elles ont été confirmées par le roi, sont perpétuelles et irrévocables, à moins que les communautés n'aient mérité d'en être privées par quelque mauvaise action ; comme il arriva aux habitants de la ville de Laon sous Louis VI. pour avoir tué leur évêque, et aux Rochelois sous Louis XIII. à cause de leur rébellion.

La plupart des privilèges qui avaient été accordés aux *communes,* tels que la justice, le droit d'entretenir une milice sur pied, de faire des levées extraordinaires, leur ont été ôtés peu-à-peu par nos rois.

L'ordonnance de Moulins, *art. 71.* leur ôta la justice civile, leur laissant encore l'exercice de la justice criminelle et de la police. Mais cela a encore depuis été beaucoup restreint, et dans la plupart des villes les officiers municipaux n'ont plus aucune juridiction ; quelques-uns ont seulement une portion de la police.

Chapitre III

Progrès des populations urbaines et rurales – Les communes.[3]

I. Les communes françaises à l'époque des Capétiens directs.

Si la science contemporaine a fait faire des progrès à l'histoire du mouvement communal, c'est précisément parce qu'elle cherche moins à l'expliquer qu'à le connaître. — La question des origines de cette révolution, jadis si controversée, on a compris de nos jours qu'elle était insoluble, en l'absence de documents relatifs à la constitution municipale des cités et des

---

[3] Par C-V. Langlois (1863 – 1929) ; Les villes (dans *Histoire du Moyen-âge).*

bourgs pendant quatre cents ans, du VIIIe siècle au XIe.

L'association est un fait qui n'est ni germanique ni romain; il est universel et se produit spontanément chez tous les peuples, dans toutes les classes sociales, quand les circonstances exigent ou favorisent son apparition. Les hypothèses des germanistes et des romanistes sont donc gratuites. La révolution communale est un événement national.

La commune est née, comme les autres formes de l'émancipation populaire, du besoin qu'avaient les habitants des villes de substituer l'exploitation limitée et réglée à l'exploitation arbitraire dont ils étaient victimes. Il faut toujours en revenir à la définition donnée par Guibert de Nogent :

« Commune ! nom nouveau, nom détestable ! Par elle les censitaires (*capite censi*) sont affranchis de tout servage moyennant une simple redevance annuelle ; par elle ils ne sont condamnés, pour l'infraction aux lois, qu'à une amende légalement déterminée ; par elle, ils cessent d'être soumis aux autres charges pécuniaires dont les serfs sont accablés. »

Sur certains points, cette limitation de l'exploitation seigneuriale s'est faite à l'amiable, par une transaction pacifique survenue entre le seigneur et ses bourgeois. Ailleurs il a fallu, pour qu'elle eût lieu, une insurrection plus ou moins prolongée. Quand ce mouvement populaire a eu pour résultat, non seulement d'assurer au peuple les libertés de première nécessité qu'il réclamait, mais encore de diminuer à son profit la situation politique du maître, en enlevant à celui-ci une partie de ses prérogatives seigneuriales, il n'en est pas seulement sorti une *ville affranchie*, mais une *commune*, seigneurie bourgeoise, investie d'un certain pouvoir judiciaire et politique.

*

Que la commune ait été à l'origine le produit d'une insurrection ou de la libre concession d'un seigneur, du jour où elle possédait une certaine part de juridiction et de souveraineté, elle entrait dans la société féodale. Si l'on considère la provenance et la condition de chacun de ses membres pris individuellement, la commune reste un organe des classes inférieures ; envisagée dans son ensemble, en tant que collectivité exerçant par ses magistrats, dans l'enceinte de la ville et de sa banlieue, des pouvoirs plus ou moins étendus, elle prend place parmi les États féodaux. Elle est une seigneurie.

La commune, c'est la *seigneurie collective populaire*, incarnée dans la personne de son maire et de ses jurés. Cette sorte de seigneurie n'est pas la seule de son genre qui existe au moyen âge. Le corps du clergé possède aussi des seigneuries collectives, qui sont les abbayes et les chapitres. De même que l'esprit, les principes et les usages propres à la féodalité ont profondément pénétré la société ecclésiastique, au point que les relations de ses membres prirent souvent la forme des rapports établis entre les seigneurs laïques, de même la commune, organisme populaire, a subi, elle aussi, l'influence de l'air ambiant. Elle apparaît comme imprégnée de féodalité : bien mieux, on peut et l'on doit dire que, toute bourgeoise et roturière qu'elle est par ses racines, elle constitue un fief et un fief noble. Par rapport aux différentes seigneuries qui s'étagent au-dessus d'elle, la commune est une vassale : elle s'acquitte effectivement de toutes les obligations de la féodalité.

La commune, comme un vassal, prête serment à son seigneur, serment de foi et hommage, par l'organe de ses magistrats. Son seigneur a des devoirs envers elle, comme il en a envers ses autres vassaux. Elle a son rang marqué parmi les souverainetés locales qui composent le vasselage d'un grand baron.

La commune est une seigneurie, un démembrement du fief supérieur. Car, maîtresse de son sol, elle jouit des prérogatives attachées à la souveraineté féodale. Le maire et les magistrats municipaux ont le pouvoir législatif ; ils rendent des ordonnances applicables au territoire compris dans les limites de la banlieue. Ils possèdent le pouvoir judiciaire ; leur juridiction civile et criminelle ne s'arrête que devant les justices particulières enclavées dans l'enceinte urbaine. La municipalité, comme tout seigneur, fixe et prélève les impôts nécessaires à l'entretien des fortifications et des édifices communaux, au fonctionnement de ses divers services. Elle perçoit sur les bourgeois des tailles et des octrois. Le seul droit que la commune ne partage pas d'ordinaire avec le seigneur, c'est celui de battre monnaie. Il y a du reste commune et commune, comme il y a fief et fief. Les fiefs auxquels n'était attachée qu'une justice restreinte ne jouissaient que d'une parcelle de souveraineté. De même, les communes avaient des libertés plus ou moins larges. À Rouen, par exemple, la commune ne possède pas la haute justice ; la plupart des droits financiers et le contrôle de l'administration municipale appartenaient au duc de Normandie. C'est que le partage de la souveraineté qui avait eu lieu forcément entre la commune et le seigneur, au moment de la création de la commune, s'était accompli, suivant les régions, dans les conditions les plus variées. Ici les parts se trouvaient presque égales ; le seigneur ne s'était guère réservé que les privilèges de la suzeraineté ; là, au contraire, il avait su garder pour lui presque tous ses droits de seigneur direct et de propriétaire.

Mais, dépendante ou non, la commune était toujours en possession de certains droits, de certains signes matériels qui lui donnaient son caractère distinctif de seigneurie, et de seigneurie militairement organisée.

D'abord, comme tout feudataire jouissant des droits seigneuriaux, elle avait un *sceau* particulier, symbole du pouvoir législatif, administratif et judiciaire dont elle était investie. Le premier acte d'une ville, qui se donnait ou recevait l'organisation communale, était de se fabriquer un sceau, de même que le premier acte de l'autorité seigneuriale qui abolissait la commune était de le lui enlever. Le sceau communal était placé sous la garde du maire, qui avait seul qualité pour s'en servir. À Amiens, la matrice du sceau était renfermée dans une bourse que le maire portait constamment à sa ceinture. À Saint-Omer, on le conservait soigneusement dans un coffre ou *huche*, dont les quatre clefs avaient été remises au maire et à quelques autres magistrats.

Une étude attentive des sceaux de ville révèle d'intéressantes particularités. Les sceaux sont des documents authentiques, émanés des communes elles-mêmes : ils permettent à l'historien de déterminer, par certains côtés, le caractère et la vraie nature de ces petites seigneuries. On y voit d'abord, très nettement accusé, le côté militaire de l'institution.

La féodalité se composant, avant tout, d'une aristocratie de chevaliers dont la guerre constitue l'occupation principale, la commune est aussi féodale à ce point de vue qu'à tous les autres. Les sceaux des seigneurs laïques représentent d'ordinaire un chevalier armé de toutes pièces, placé sur un cheval au galop ; de même les sceaux de nos républiques guerrières offrent le plus souvent une image belliqueuse : un château fort, un homme d'armes, une foule armée. Ce caractère n'est pas particulier aux communes de la France du Nord ; on le retrouve aussi bien dans la sigillographie des villes à consulats de la France méridionale.

Les sceaux des communes de Soissons, de Senlis, de Compiègne représentent le maire de la ville sous la forme d'un guerrier debout, tenant épée et bouclier, revêtu de la cotte de mailles et du casque à nasal. À Noyon, cet homme d'armes est figuré sortant à mi-corps d'une tour crénelée. Ailleurs, la puissance bourgeoise n'est pas personnifiée par un fantassin, mais (ce qui est bien plus féodal) par un cavalier galopant et armé de toutes pièces. Ainsi se présentent à nous les sceaux de Poitiers, de Saint-Riquier, de Saint-Josse-sur-Mer, de Poix, de Péronne, de Nesle, de Montreuil-sur-Mer, de Doullens, de Chauni. Le cavalier tient à la main une masse d'armes, une épée nue ou un bâton. Le bâton est plus particulièrement l'emblème du pouvoir exercé par le magistrat municipal. Le sceau de Chauni et celui de Vailli (près Soissons) offrent ce trait spécial que le cavalier est suivi d'une multitude armée de haches, de faux et de piques. Quelquefois, au lieu du maire en armes, c'est la forteresse, qui est représentée : sur le sceau de Beaumont-sur-Oise, par exemple, apparaît un château fort à deux tourelles et à donjon carré.

Cette préférence pour les attributs militaires n'était pas simplement affaire de goût et d'humeur, mais résultat d'une nécessité. Seigneurie possédant terre et juridiction, la commune du moyen âge était entourée d'ennemis. Elle se protégeait contre eux par sa milice et aussi par son enceinte de hautes murailles. On peut la considérer comme une place forte, analogue au château féodal, dont le donjon s'appelle le *beffroi*.

Le beffroi communal présentait primitivement la forme d'une grosse tour carrée. Il s'élevait isolé sur l'une des places de la ville et servait de centre de ralliement aux bourgeois associés. Au haut de cette tour se trouvait un comble de charpente recouvert d'un toit de plomb ou d'ardoise : là étaient suspendues les cloches de la commune. Les *guetteurs* ou sonneurs se tenaient dans une galerie régnant au-dessous du toit et dont les quatre fenêtres regardaient de tous côtés l'horizon. Ils étaient chargés de sonner pour donner l'éveil quand un danger menaçait la commune : approche de l'ennemi, incendie, émeute ; ils sonnaient encore pour appeler les accusés au tribunal, les bourgeois aux assemblées ; pour indiquer aux ouvriers les heures de travail et de repos, le lever du soleil et le couvre-feu. Mais le beffroi n'était pas seulement un clocher. Pendant longtemps les grandes communes du Nord n'eurent pas d'autre lieu de réunion à offrir à leurs magistrats. Au bas de la tour se trouvaient la salle réservée au corps municipal, un dépôt d'archives, un magasin d'armes.

Quelquefois le beffroi, au lieu d'être une tour, se présentait comme une porte fortifiée que surmontaient une ou deux tourelles. Cette particularité nous reporte à cette époque primitive de l'histoire des communes où elles n'avaient pas encore construit un édifice spécial destiné à contenir leurs cloches. On avait commencé simplement par les suspendre au-dessus d'une des portes qui interrompaient l'enceinte.

Remarquons enfin que le XIIe siècle, qui vit se former la plupart des républiques bourgeoises, vit aussi, à son déclin, s'élever les grandes cathédrales du nord de la France. Les plus beaux de ces édifices furent construits précisément dans les villes où régnaient l'esprit communal le plus intense et des haines souvent fort vives contre le clergé local. Il est certain que les bourgeois les considéraient comme une sorte de terrain neutre, où l'on pouvait se donner rendez-vous pour échanger ses idées et conclure des affaires qui n'avaient rien de commun avec le service religieux. Ce fut là peut-être une des causes qui empêchèrent nos grandes communes de se bâtir, au XIIIe siècle, ces magnifiques *hôtels de ville* qu'on admire dans le nord de l'Allemagne, en Belgique, en Italie.

*

La transformation des bourgeois assujettis en bourgeois indépendants était un fait anormal, exceptionnel, une dérogation au droit commun ; il fallait avant tout que cette dérogation se justifiât par un titre. Ce titre, véritable acte de naissance légalisé par le sceau de l'autorité féodale, ce pacte fondamental et constitutif, c'est la *charte de commune*.

On ne possède actuellement qu'un très petit nombre de chartes de commune en original. Les archives municipales de la France du moyen âge nous sont arrivées en fort mauvais état, à cause des pillages et des incendies. Du reste, les confirmations successives que les communes se sont fait donner de leurs libertés ont contribué sans doute à la disparition des plus anciens titres. Ces confirmations reproduisaient presque toujours le texte du privilège primitif, augmenté de dispositions nouvelles. Les gens des communes, voulant surtout conserver les concessions postérieures, plus développées et plus explicites, ont laissé périr les textes primitifs. Aussi avons-nous perdu non seulement les originaux, mais le texte même du plus ancien privilège accordé à la plupart des communes de la France du Nord. On n'a pu retrouver jusqu'ici la charte primitive d'Amiens, de Noyon, de Beauvais, de Laon (la première, celle de 1112), de Reims, de Sens, de Soissons, de Saint-Quentin, d'Aire, de Dijon, de Valenciennes, d'Arras, de Rouen, etc., pour ne parler que des communes établies dans les centres importants.

La charte communale était cependant gardée avec soin par ceux qui en bénéficiaient. Car elle était le signe visible des libertés obtenues. Dans les constitutions primitives de plusieurs communes, à Beauvais, à Abbeville, à Soissons, à Fismes, il est formellement stipulé que la charte ne pourra être transportée hors de l'enceinte communale, et qu'il ne sera permis de la consulter que dans la ville même. Les privilèges communaux étaient, d'ordinaire, enfermés dans un grand coffre ou arche, dont les autorités municipales seules avaient la clef.

Considérée en elle-même, comme ensemble de dispositions législatives, la *charte de commune* est difficile à définir. Les *chartes de commune*, en effet, diffèrent très sensiblement les unes des autres, tant au point de vue de la nature qu'au point de vue de la quantité des matières qui y sont traitées. A ce point de vue de la quantité, on remarque tout d'abord qu'il est impossible d'établir un parallèle entre une charte comme celle de Rouen, qui comprend cinquante-cinq articles, et celle de Corbie qui n'en contient que sept. Quant aux clauses dont l'énumération constitue la charte, elles appartiennent à un certain nombre de catégories très différentes : fixation des limites de la commune et de sa banlieue, organisation intérieure de la commune, détermination de la juridiction communale, obligations des bourgeois envers le seigneur, exemptions et privilèges de ces mêmes bourgeois, dispositions de droit criminel et de droit civil, règlement de la condition des tenanciers féodaux, des serviteurs de la noblesse et du clergé. La proportion suivant laquelle ces diverses catégories sont représentées dans les chartes est essentiellement variable ; il s'en faut que toutes figurent à la fois dans le même document ; et, d'autre part, telle série de stipulations qui occupe une large place dans une charte ne donnera lieu, dans une autre, qu'à une mention de quelques lignes.

Ce que l'on peut dire de plus général, c'est que la charte de commune, résultat d'une convention passée entre le seigneur et ses bourgeois, est un ensemble complexe de dispositions qui sanctionnent l'institution du lien communal et la création d'un gouvernement libre, fixent certains points de la coutume civile et criminelle, mais ont pour objet principal de déterminer la situation de la commune à l'égard du seigneur en ce qui touche la juridiction et l'impôt. On ne peut dire qu'elle soit exclusivement un code civil, un code criminel, une constitution politique, un privilège d'exemption : elle est un peu tout cela à la fois. Il faut y voir surtout le signe matériel, la garantie du partage de la souveraineté, accompli judiciairement et financièrement, entre le seigneur et ses anciens sujets devenus ses vassaux. — Si l'on considère sa forme, la charte communale n'est qu'une énumération désordonnée, où le rédacteur aborde les matières les plus diverses sans jamais les traiter d'une manière complète ; où abondent les obscurités, les lacunes, parfois même les contradictions. A aucun point de vue la charte communale n'est une constitution raisonnée et faite de toutes pièces, mais un contrat disparate, où les parties règlent le plus souvent les points litigieux, éclaircissent les matières douteuses, consacrent d'anciennes institutions, signalent enfin, avec les innovations exigées par les circonstances, les modifications apportées à la coutume par le temps et le progrès.

Certaines chartes de commune ont eu plus de succès que d'autres ; elles ont été copiées, imitées, exportées même loin de leur pays d'origine. Ainsi la charte de Soissons est devenue en 1183 celle de Dijon, et, par suite, a servi de type constitutionnel pour tout le duché de Bourgogne. La charte de Rouen, statut communal de presque toutes les villes de Normandie, s'est propagée en Poitou, en Saintonge et jusqu'à l'Adour. Poitiers, Niort, Cognac, Angoulême, Saint-Jean-d'Angély, la Rochelle, Saintes, les îles d'Oleron, de Ré, et Bayonne ont reçu les « établissements » de Rouen.

Les causes les plus générales qui ont agi pour la propagation d'une charte sont d'ordre géographique ou d'ordre politique. — Le centre de population le plus important d'une région impose souvent sa loi aux bourgs environnants. D'autre part, il est arrivé que les villes soumises à une même domination politique ont accepté la même organisation constitutionnelle. Ainsi les établissements de Rouen ont essaimé jusqu'à Bayonne, parce que Bayonne était compris, à la fin du XIIe siècle, comme Rouen, dans les domaines de la dynastie anglo-angevine. D'autre part, dans la charte de Rouen, c'est en somme l'intérêt du pouvoir seigneurial qui prévaut. On a établi que le pacte de Rouen représente le *minimum* des droits politiques que pouvait posséder une ville ayant le titre de commune. C'est pourquoi, par politique, les rois d'Angleterre, ducs de Normandie, se sont empressés de propager ce type constitutionnel dans leurs domaines.

D'ailleurs, le lien établi entre la métropole et la ville affiliée, par le fait de la communauté de la charte, était souvent simplement nominal. Cependant, la métropole jouait d'ordinaire à l'égard de la ville affiliée le rôle de *chef de sens*. Quand les habitants de la commune sont embarrassés sur la signification ou la portée d'un article de leur charte, ils s'adressent au lieu d'origine de la loi, pour obtenir les éclaircissements nécessaires. Amiens était chef de sens par rapport à Abbeville ; Abbeville l'était à son tour pour les petites communes du Ponthieu. Mais le recours au conseil d'autrui n'avait pas lieu uniquement entre les villes régies par la même charte. De ce qu'une commune reconnaissait une autre ville libre pour chef de sens, on ne pourrait inférer qu'elles avaient une constitution identique. La charte d'Abbeville porte que les habitants devront avoir recours, en cas de difficultés, non seulement à Amiens, leur métropole, mais encore à Corbie et à Saint-Quentin. De même, Brai-sur-Somme était tenue de recourir au conseil des magistrats de la commune de Saint-Quentin, avec laquelle elle n'avait aucun rapport constitutionnel.

Il est naturel de penser que des communes unies par la similitude de l'organisation constitutionnelle comme par l'aide réciproque qu'elles se prêtaient fréquemment, devaient être amenées à conclure de véritables traités d'alliance offensive et défensive.

La confédération politique leur aurait permis d'opposer à leurs ennemis une plus grande force de résistance. Cependant les tentatives de cette nature eurent lieu rarement, au moins dans la société communale de la France du Nord, et n'ont jamais été poussées bien loin. Moins heureuses que leurs sœurs d'Allemagne ou d'Italie, les communes françaises n'ont pas su constituer entre elles ces ligues redoutables contre lesquelles vinrent souvent se briser, chez nos voisins, les attaques des empereurs comme celles de la féodalité locale. Elles sont restées isolées et sans force, sans doute parce qu'en France le développement précoce et rapide d'un pouvoir monarchique n'a pas permis la formation des fédérations de cités.

Beaumanoir, dans sa Coutume de Beauvaisis, recommande instamment aux seigneurs de s'opposer, par tous les moyens, aux ligues que les villes pourraient être tentées de former entre elles. Son conseil n'a été que trop bien suivi. Cet isolement des communes ne contribua pas médiocrement à précipiter leur décadence et à les faire tomber, dès le temps de saint Louis et de Philippe le Bel, sous la domination de la royauté.

*

La féodalité laïque s'est montrée dans l'ensemble moins défavorable à l'établissement et au développement du régime communal que la féodalité ecclésiastique. Il y eut même des barons démagogues qui embrassèrent la cause des communiers, non par amour du peuple ou des bourgeoisies, mais pour opposer les vilains aux clercs, pour nuire aux églises, leurs rivales. — L'Église, au contraire, a fait une guerre implacable aux confédérations urbaines. Pour elle, la commune ne fut jamais qu'une *conspiration* illégale et factieuse, tendant à détruire les bases mêmes de l'ordre social. L'archevêque de Laon, Raoul le Vert, prêcha à Laon, en 1112, contre les « exécrables communes » par lesquelles les serfs essayent, contre tout droit et toute justice, de rejeter violemment la domination de leur seigneur : « Serfs, a dit l'apôtre, soyez soumis en tout temps à vos maîtres. Et que les serfs ne viennent pas prendre comme prétexte la dureté ou la cupidité de leurs maîtres. Restez soumis, a dit l'apôtre, non seulement à ceux qui sont bons et modérés, mais même à ceux qui ne le sont pas. Les canons de l'Église déclarent anathèmes ceux qui poussent les serfs à ne point obéir, à user de subterfuges, à plus forte raison ceux qui leur enseignent la résistance ouverte. C'est pour cela qu'il est interdit d'admettre dans les rangs du clergé, à la prêtrise, et même à la vie monastique, celui qui est engagé dans les liens de la servitude : car les seigneurs ont toujours le droit de ressaisir leurs serfs, même s'ils sont devenus clercs. » Guibert de Nogent ajoute « que ce sermon contre les communes n'a pas été prononcé dans cette seule circonstance ; que l'archevêque de Reims a prêché maintes fois sur ce thème dans les assemblées royales et dans beaucoup d'autres réunions ». — Cent ans après, le cardinal Jacques de Vitry parlait encore dans le même style ; la théorie ecclésiastique sur les communes n'avait pas changé : « Ne sont-ce pas des cités de confusion, ces communautés ou plutôt ces conspirations, qui sont comme des fagots d'épines entrelacées, ces bourgeois vaniteux qui, se fiant sur leur multitude, oppriment leurs voisins et les assujettissent par la violence ? Si l'on force les voleurs et les usuriers à rendre gorge, comment ne devrait-on pas obliger à la restitution des droits volés ces communes brutales et empestées qui ne se bornent pas à accabler les nobles de leur voisinage, mais qui usurpent les droits de l'Église, détruisent et absorbent, par d'iniques constitutions, la liberté ecclésiastique, au mépris des plus saints canons ? Cette détestable race d'hommes court tout entière à sa perte : nul parmi eux, ou bien peu, seront sauvés. »

Quant aux rois de France, ils se sont montrés tantôt favorables, tantôt hostiles au mouvement communal, au mieux de leurs intérêts de rois, de suzerains et de propriétaires. Les Capétiens furent à la fois fondateurs et destructeurs de communes,

amis et ennemis de la bourgeoisie. On vit
Louis le Gros défendre, contre le
mouvement communal ou contre les
prétentions des communes, les évêques de
Laon et de Noyon, les abbés de Saint-
Riquier et de Corbie ; Louis VII
sauvegarder les droits des évêques de
Beauvais, de Châlons-sur-Marne, de
Soissons, ceux des archevêques de Reims
et de Sens, ceux des abbés de Tournus et de
Corbie ; Philippe Auguste soutenir les
églises de Reims, de Beauvais, de Noyon,
livrer à l'évêque de Laon les communes du
Laonnais et de la Fère. Sous saint Louis,
Philippe le Hardi et Philippe le Bel, le
Parlement de Paris frappa d'énormes
amendes, parfois même de suppression
provisoire ou définitive, les bourgeoisies

indépendantes que l'Église traduisait à sa barre.

Ces inconséquences s'expliquent d'abord, de la façon la moins noble, par l'argent que les Capétiens recevaient du clergé pour détruire les institutions libres. On sait qu'il leur arriva plus d'une fois de se faire payer des deux mains, par les bourgeois pour fonder, et par les clercs pour abolir. Leur appui fut assuré au dernier enchérisseur. Mais il faut songer aussi qu'ils étaient, par tradition, les protecteurs naturels de l'Église, qu'ils avaient besoin d'elle autant qu'elle avait besoin d'eux. Ils se crurent donc obligés de la défendre contre les empiétements de la bourgeoisie.

Entre la société populaire et la société ecclésiastique, leur situation était embarrassante ; la protection royale devait s'étendre à la fois sur les deux partis hostiles. Ils se tirèrent de cette difficulté en ne pratiquant aucun principe, en vivant au jour le jour, en sacrifiant, suivant les cas et les besoins, les bourgeois aux clercs et les clercs aux bourgeois.

On peut dire cependant qu'à partir de Philippe Auguste, l'attitude du gouvernement royal cessa d'être contradictoire. À la politique de protection ou de demi-hostilité succéda une politique constante d'assujettissement et d'exploitation, qui fut la même sous des princes par ailleurs aussi dissemblables que saint Louis et Philippe le Bel. Depuis le

XIIIe siècle, l'innombrable armée des agents de la couronne ne cesse d'être en mouvement pour détruire les juridictions rivales, supprimer les puissances gênantes, remplacer partout les dominations particulières par le pouvoir unique du souverain. À l'infinie diversité des libertés locales, elle veut substituer la régularité des institutions, la centralisation dans l'ordre politique et administratif. De ce mouvement fatal, irrésistible, les communes ont été victimes aussi bien que la féodalité. Seigneuries indépendantes, elles ne pouvaient que porter ombrage au gouvernement central. La logique impitoyable des gens du roi exigea leur disparition en tant que puissances politiques ; on s'efforça de les faire rentrer dans le droit commun, c'est-à-dire dans la grande classe des bourgeoisies assujetties. La mainmise du pouvoir royal sur les communes, leur suppression, ou leur transformation en villes d'obédience, tel est le fait capital qui caractérise la plus grande partie du XIIIe siècle et le début du XIVe. A l'avènement de Philippe de Valois, certaines communes subsisteront de nom et d'apparence ; elles jouiront encore d'un semblant d'institutions libres : en réalité, la liberté aura disparu. Sauf leur étiquette trompeuse, elles sont devenues, comme toutes les autres, « les bonnes villes du roi » et ne s'appartiennent plus.

*

La commune a été une institution assez éphémère. En tant que seigneurie réellement indépendante, elle n'a guère duré plus de deux siècles. Les excès des communiers, leur mauvaise administration financière, leurs divisions, l'hostilité de l'Église, la protection onéreuse du haut suzerain et surtout du roi : telles ont été les causes immédiates de cette décadence rapide….

Il est difficile d'affirmer que le régime communal ne pouvait s'adapter aux institutions générales de la France ; comment le savoir, en effet, puisque la centralisation monarchique ne lui a pas permis de vivre ? Elle l'a fait disparaître au moment où il commençait à se transformer, à prendre une direction plus libérale, plus

favorable à l'intérêt du plus grand nombre ;
au moment où les oligarchies bourgeoises,
qui disposaient des communes,
admettaient, de gré ou de force, la
population ouvrière à prendre part à
l'élection des magistratures et au
gouvernement de la cité. Pourquoi la
puissance communale, assise sur une base
plus large et plus solide, grâce à cette
réorganisation démocratique, n'aurait-elle
pas assuré aux villes, malgré les
manifestations bruyantes et l'agitation
périodique qui accompagnent forcément
l'exercice de la liberté, de longues années
de prospérité et de grandeur ? Admettons
qu'il fût impossible à la royauté capétienne
de conserver aux villes libres ce caractère
d'États indépendants et de puissance

politiquement isolées qui aurait fait obstacle à la grande œuvre de l'unité nationale ; nous supposons qu'elle n'aurait pu se dispenser de les rattacher par certains liens au gouvernement central et aux institutions générales du pays ; mais ne pouvait-elle leur laisser, dans l'ordre administratif et judiciaire, la plus grande partie de leur ancienne autonomie ?

Sans doute, le régime communal avait ses défauts et même ses vices, les vices inhérents à toutes les aristocraties. Mais on ne peut nier qu'il eût aussi d'excellents côtés. Il faisait du bourgeois un citoyen ; il développait chez lui l'esprit d'initiative, les instincts d'énergie que favorisent la vie militaire et la pratique quotidienne du danger, l'habitude de prendre sans hésitation les responsabilités et de les soutenir avec constance, enfin les sentiments de fierté et de dignité qu'inspirent à l'homme l'exercice d'un pouvoir indépendant, la disposition de soi-même, la gestion de ses propres affaires. À ce point de vue, il faut regretter que les communes françaises n'aient pas conservé plus longtemps une autonomie dont elles n'avaient pas toutes abusé.

Si l'on est convaincu, comme semble l'être Guizot, que ces républiques n'étaient que des foyers de tyrannie oligarchique, d'anarchie et de guerres civiles, on conçoit qu'il est logique de leur préférer l'ordre, même acheté au prix de la liberté. Mais on ne peut affirmer que nos villes libres aient été placées rigoureusement dans la triste alternative de périr par leurs propres excès ou de se sauver par l'assujettissement. La situation n'était pas aussi désespérée : on pouvait prendre un moyen terme. Les rois et leurs agents ne l'ont pas voulu. C'est en quoi l'œuvre de la monarchie a été excessive. Elle aurait pu laisser vivre les communes, dans certaines conditions, sans danger pour son propre pouvoir, et peut-être avec grand profit pour l'éducation morale et politique de la nation.

II. Les Bastides.

Le mot bastide a servi, depuis le XIIIe siècle, dans le midi de la France, à désigner des villes bâties d'un seul jet, sur un plan préconçu, presque toujours uniforme, généralement à la suite d'un contrat d'association conclu entre les propriétaires du territoire et les représentants de l'autorité souveraine. Ces contrats portaient le nom de pariages. Le fait que ces villes étaient toujours fortifiées rend raison du nom qui leur est attribué.

Dès le XIe siècle, les plus puissantes des abbayes méridionales, pour peupler leurs domaines, pour en activer le défrichement et la mise en culture, pour fixer la population flottante qui était très nombreuse alors, et surtout pour augmenter leurs revenus, imaginèrent de fonder de nouveaux villages. Pour cela, sur un emplacement désert ou à peu près, elles faisaient construire une église, proclamaient l'endroit lieu d'asile, et divisaient le terrain en lots à attribuer aux nouveaux habitants. Le droit d'asile, les prescriptions relatives à la *paix de Dieu*, la puissance des abbayes, l'appât de la propriété ainsi que des garanties de sécurité, quelques privilèges et des franchises ne tardaient pas à attirer dans ces villages des habitants en assez grand nombre. Les seigneurs laïques frappés de ces avantages voulurent bientôt faire dans leurs fiefs de semblables fondations ; mais l'Église seule était alors assez respectée pour pouvoir garantir la paix et la sécurité ; ils s'adressèrent aux grandes abbayes, leur donnèrent le territoire sur lequel devait se bâtir le nouveau village, en se réservant des droits de coseigneurie, et les deux puissances associées purent fonder ainsi un grand nombre de villages. Les localités créées et peuplées par ce moyen furent nommées dans les textes latins des *Salvetates*, et dans la langue du pays *Salvetat*, on a dit en français des *Sauvetés*. Un grand nombre de villages ou de bourgs de la France méridionale ont retenu cette appellation et se nomment aujourd'hui encore la *Salvetat* ou la *Sauvetat* ; ces noms dénotent leur origine. Tous ou presque tous ont été fondés au XIe ou au XIIe siècle par des abbayes soit sur leurs domaines, soit sur des possessions seigneuriales à la suite d'un pariage.

Il est à peine besoin de dire que nombre de villages qui ont la même origine ne portent pas cependant de nom caractéristique : Licairac, Lavaur, Marestang, pour ne citer que quelques noms, ont été d'abord des Sauvetés.

Vers le milieu du XIIIe siècle, après l'établissement de l'administration française dans le Midi qui fut la conséquence de la croisade des Albigeois, après l'organisation de la domination anglaise en Guyenne, les rôles se trouvèrent intervertis ; ce ne furent plus les abbayes qui purent assurer à leurs domaines la paix, la sécurité des privilèges et des franchises ; l'autorité laïque, devenue plus puissante et disposant de moyens d'action plus considérables et mieux appropriés, fit des fondations de ce genre plus nombreuses et plus considérables que celles que l'Église avait faites auparavant. Lorsque le terrain choisi pour une de ces créations faisait partie d'un domaine ecclésiastique, l'Église appela toujours le souverain en pariage. Il en fut de même des seigneurs, qui, pour fonder des villes neuves sur leurs fiefs, s'associèrent au souverain, dont le représentant se trouva ainsi appelé à exercer des droits de coseigneurie sur les terres des vassaux laïques et ecclésiastiques. Ce sont les villes neuves fondées pour la plupart de 1230 à 1350 qui ont proprement reçu le nom de *bastides*.

Il est facile de comprendre quel intérêt le pouvoir royal, en Angleterre comme en France, trouvait à ces fondations. La guerre des Albigeois avait bouleversé le Midi ; en beaucoup de pays, des terres longtemps cultivées étaient retombées en friches, nombre de villages avaient disparu dont la population dispersée avait formé des bandes de vagabonds, de *faidits*, qu'il importait de fixer pour rendre au pays la sécurité et la prospérité. L'intérêt politique n'était pas moindre ; on a vu en effet que ces fondations permettaient au souverain d'étendre sur les domaines de ses vassaux l'action de son pouvoir : aussi les documents du temps nous montrent-ils que les créations de bastides étaient alors considérées comme de véritables acquisitions. De plus, les emplacements des bastides bien choisis pouvaient servir à la défense du pays ; aussi peut-on constater que le roi d'Angleterre d'une part, le comte Alphonse de Poitiers d'autre part, se sont appliqués à entourer leurs possessions d'une véritable ceinture de bastides.

Il n'y a pas de différences sensibles entre les villes fondées en Guyenne et en Agenais par l'administration anglaise et celles qui furent créées par l'administration française, amenée dans le Midi depuis 1229 à la suite du traité de Paris. Des deux parts, il y eut une activité égale, un même zèle de la part des agents du pouvoir ; les moyens, les privilèges concédés pour attirer les nouveaux habitants, les dispositions matérielles furent partout à peu près les mêmes. En France, l'un des sénéchaux du comte de Poitiers, Eustache de Beaumarchais, fut un infatigable bâtisseur. Dans les États d'Alphonse, les bastides n'étaient point soumises au baile dans la circonscription duquel elles se trouvaient, mais formaient toutes ensemble une espèce de bâtie spéciale administrée par le lieutenant du sénéchal.

Lorsque l'une de ces fondations avait été décidée, le sénéchal le faisait publier à son de trompe et annonçait quels privilèges seraient concédés aux nouveaux habitants. Nombre de coutumes concédées ainsi aux nouvelles bastides nous sont parvenues ; elles sont en général assez semblables à celles dont étaient dotées les villes de bourgeoisie.

L'affranchissement du servage, des exemptions d'impôts, des franchises commerciales, des garanties de liberté individuelle et de sécurité en constituaient les dispositions principales. Fréquemment on instituait aussi une administration municipale, mais qui restait presque toujours sous la tutelle du baile ; l'exercice de la justice était toujours réservé aux représentants du souverain ou du moins des coseigneurs. Naturellement, il arrivait que l'établissement de ces bastides amenait le dépeuplement des seigneuries voisines, d'autant plus que les serfs qui s'y rendaient n'avaient parfois rien à redouter du droit de suite. Des plaintes s'élevèrent à plusieurs reprises ; des évêques allèrent jusqu'à excommunier les nouveaux habitants ; des règlements intervinrent, mais qui furent toujours rédigés de manière à affaiblir l'autorité féodale et à favoriser le peuplement des bastides.

Sur l'emplacement choisi on plantait d'abord un mât, le *pal*, signe visible de l'intention d'attirer les habitants. La ville de Pau doit son nom à cet usage. Puis les officiers traçaient le plan de la ville future.

La plupart de ces bastides se ressemblaient. C'était toujours un carré ou un rectangle aussi régulier que la nature du terrain le permettait, entouré de murailles que dominaient des tours élevées de distance en distance. Vers le centre une grande place carrée au centre de laquelle s'élevait l'hôtel de ville, dont le rez-de-chaussée servait de halle couverte. À cette place aboutissaient de grandes rues droites, tracées au cordeau, coupées à angles droits par des rues moins larges, coupées elles-mêmes perpendiculairement par des ruelles. Au delà des murs on traçait des jardins, et plus loin s'étendaient des terres à mettre en culture. À part quelques pâtures, réservées comme propriété communale, les « padoents », tout le terrain était divisé en lots : places à bâtir à l'intérieur de la ville, jardins ou cultures à l'extérieur, que l'on mettait en adjudication. Autour de la place et quelquefois dans les plus grandes rues, les maisons faisaient saillie, et formaient de larges galeries couvertes soutenues par des piliers ou des poteaux. Le plan de ces bastides avait ainsi l'aspect d'un damier ; nombre de localités l'ont conservé jusqu'à nos jours ; on en peut juger par celui de Montpazier (Dordogne) que nous donnons ci-contre d'après le relevé qui en a été fait autrefois par M. F. de Verneilh.

Les fortifications consistaient en un mur d'enceinte entouré d'une circonvallation quelquefois double, et percé le plus souvent de quatre portes se faisant face. Ces portes à pont-levis, précédées de barbacanes, étaient flanquées ou surmontées de tours. D'autres tours, placées notamment aux endroits où le mur était en retour d'équerre, complétaient le système de défense. Parfois, mais assez rarement, un château ou citadelle, occupé par une garnison royale, était établi à cheval sur le mur d'enceinte afin de pouvoir protéger la ville contre des assaillants ou maîtriser des insurrections. Dans l'intérieur un emplacement avait été réservé à l'église qui souvent était elle-même fortifiée et pouvait ainsi servir de réduit.

Beaucoup des villes ainsi créées reçurent des noms caractéristiques : le plus fréquent est celui même de bastide ; des centaines de localités du Midi se nomment encore ainsi ; d'autres noms, tels que Castelnau, Villeneuve, indiquaient simplement que la ville était de fondation récente ; d'autres, comme Franqueville, Montségur, Villefranche, faisaient allusion aux franchises dont les villes avaient été dotées ; d'autres indiquaient l'influence à la fois royale et française à laquelle était due la fondation : Saint-Louis, Saint-Lys, Villeréal, Montréal, etc. ; quelques noms étaient ceux-là même des officiers royaux qui les avaient bâties : Beaumarchais, Beauvais ; un grand nombre de localités avaient reçu le nom de grandes cités espagnoles, italiennes ou même des bords du Rhin : Pampelonne, Fleurance (Florence), Barcelone, Pavie, Cordes (Cordoue), Cologne, Plaisance, Grenade, etc. ; beaucoup enfin reçurent des noms pittoresques rappelant la beauté de l'emplacement ou présageant la splendeur des nouvelles fondations : Beaumont, Mirande, Belvezer, Mirabel, etc. ; d'autres enfin conservèrent d'anciens noms locaux.

Ce curieux mouvement de fondation de villes nouvelles dura un siècle environ. Au XIVe siècle, la population était déjà trop dense, les terrains en friche trop rares, la sécurité et la défense assez affermies, pour que l'occasion de créer de nouvelles bastides se rencontrât souvent.

www.ingramcontent.com/pod-product-compliance
Lightning Source LLC
Chambersburg PA
CBHW051813040426
42446CB00007B/657